도서출판 풀잎
디지털 디톡스
시리즈 No.1

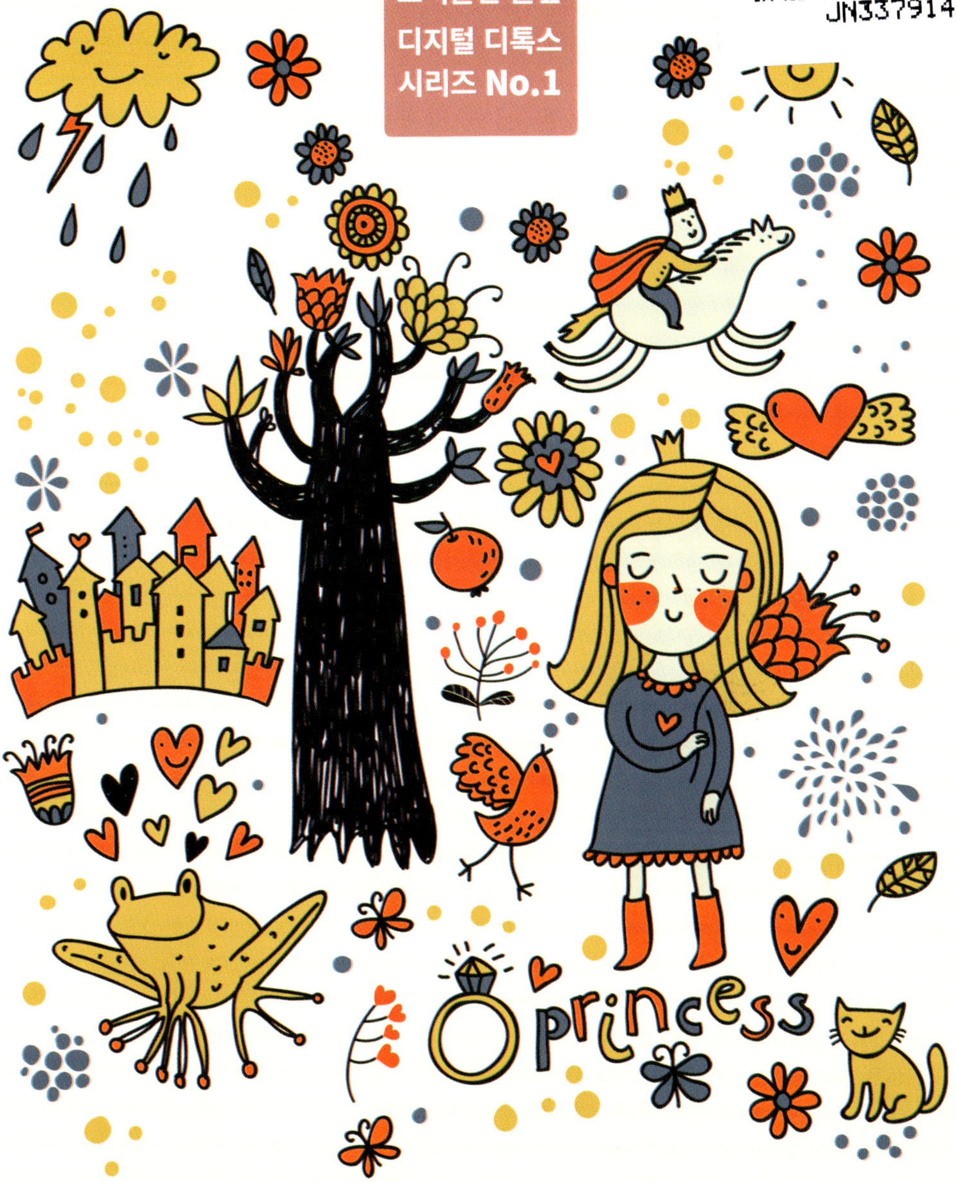

쉴수록 좋아지는 나의 뇌

다른 그림 찾기

디지털 세상으로부터 뇌를 탈출시켜드립니다

도서출판 풀잎

쉴수록 좋아지는 나의 뇌
다른그림 찾기
디지털 세상으로부터 뇌를 탈출시켜드립니다

초판 1쇄 인쇄 | 2017년 12월 5일
초판 4쇄 발행 | 2020년 11월 1일

펴낸이 | 도서출판 풀잎
디자인 | 부성
펴낸곳 | 도서출판 풀잎
등 록 | 제2-4858호
주 소 | 서울시 중구 필동로 8길 61-16
전 화 | 02-2274-5445/6
팩 스 | 02-2268-3773

ISBN 979-11-85186-49-8 13690

- 이 도서의 국립중앙도서관 출판예정도서목록(CIP)은 서지정보유통지원시스템 홈페이지
 (http://seoji.nl.go.kr)와 국가자료공동목록시스템(http://www.nl.go.kr/kolisnet)에서
 이용하실 수 있습니다. (CIP제어번호 : CIP2017031964)

※ 이 책의 저작권은 <도서출판 풀잎>에 있습니다. 저작권법에 의해 보호를 받는 저작물이므로
   무단 전제와 복제를 금합니다.
※ 이 책은 www.shutterstock.com의 라이선스에 따라 적용 가능한 이미지를 사용하였습니다.
※ 잘못된 책은 <도서출판 풀잎>에서 바꾸어 드립니다.

쉴수록 좋아지는 나의 뇌
다른 그림 찾기
디지털 세상으로부터 뇌를 탈출시켜드립니다

Find 12 differences

난이도 ★★★★ | 소요시간 : 03:00

Find 15 differences

난이도 ★★★★ | 소요시간 : 03:30

Find 15 differences

난이도 ★★★★★ | 소요시간 : 03:30

Find 25 differences

난이도 ★★★☆☆ | 소요시간 : 05:30

Find 15 differences

난이도 ★★★★★ | 소요시간 : 03:40

Find 15 differences

난이도 ★★★★★ | 소요시간 : 03:30

Find 16 differences

난이도 ★★★★★ | 소요시간 : 03:20

Find 17 differences

난이도 ★★★★★ | 소요시간 : 04:10

Find 18 differences

난이도 ★★★★★ | 소요시간 : 04:30

Find 20 differences

난이도 ★★★★★ | 소요시간 : 04:50

Find 20 differences

난이도 ★★★★★ | 소요시간 : 04:20

Find 20 differences

난이도 ★★★★★ | 소요시간 : 04:30

Find 20 differences

Find 20 differences

난이도 ★★★★★ | 소요시간 04:00

Find 20 differences

Find 20 differences

Find 20 differences

Find 20 differences

난이도 ★★★☆☆ | 소요시간 05:00

Find 21 differences

난이도 ★★★★★ | 소요시간 : 04:30

Find 22 differences

난이도 ★★★★★ | 소요시간 : 04:30

39

Find **25** differences

HAPPY

Find 25 differences

난이도 ★★★★★ | 소요시간 : 05:00

Find 25 differences

Find 25 differences

난이도 ★★★★★ | 소요시간 : 05:10

Find 25 differences

난이도 ★★★★★ | 소요시간 05:30

49

Find 25 differences

Find 25 differences

난이도 ★★★★★ | 소요시간 : 06:30

Find 27 differences

난이도 ★★★★★ | 소요시간 : 06:30

Find 30 differences

난이도 ★★★★★ | 소요시간 : 06:30

Find 30 differences

난이도 ★★★★★ | 소요시간 06:30

Find 30 differences

난이도 ★★★★★ | 소요시간 06:30

Find 30 differences

난이도 ★★★★★ | 소요시간 : 06:30

Find 30 differences

난이도 ★★★★★ | 소요시간 06:40

Find 30 differences

난이도 ★★★★★ | 소요시간 : 07:00

Find 30 differences

난이도 ★★★★★ | 소요시간 : 07:00

Find 30 differences

난이도 ★★★★★ | 소요시간 : 07:00

Find 30 differences

난이도 ★★★★★ | 소요시간 : 07:00

Find 30 differences

난이도 ★★★☆☆ | 소요시간 : 07:30

Find 30 differences

난이도 ★★★★★ | 소요시간 : 07:30

Find 30 differences

난이도 ★★★★★ | 소요시간 : 07:30

Find 31 differences

난이도 ★★★★★ | 소요시간 07:30

Find 31 differences

난이도 ★★★★★ | 소요시간 07:30

Find 35 differences

난이도 ★★★★★ | 소요시간 07:30

Find 35 differences

난이도 ★★★★★ | 소요시간 08:20

Find 35 differences

난이도 ★★★★ | 소요시간 : 08:00

Find 40 differences

난이도 ★★★★★ | 소요시간 : 08:40

Find 40 differences

난이도 ★★★★★ | 소요시간 08:50

Find 40 differences

난이도 ★★★★★ | 소요시간 09:30

Find 40 differences

난이도 ★★★★★ | 소요시간 09:30

97

Find 40 differences

난이도 ★★★★★ | 소요시간 : 09:30

Find 40 differences

난이도 ★★★★★ | 소요시간 : 08:30

Find 40 differences

난이도 ★★★★★ | 소요시간 : 09:00

Find 40 differences

난이도 ★★★★★ | 소요시간 : 09:20

Find 40 differences

난이도 ★★★★★ | 소요시간 : 09:20

Find 41 differences

Find 45 differences

난이도 ★★★★★ | 소요시간 09:30

쉴수록 좋아지는 나의 뇌
다른 그림 찾기

쉴수록 좋아지는 나의 뇌
다른 그림 찾기

p. 4

p. 5

p. 6

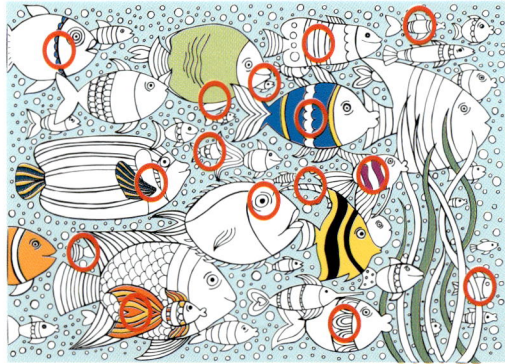

p. 7

p. 8

p. 10

p. 12

p. 14

해 답

p. 16

p. 18

p. 20

p. 22

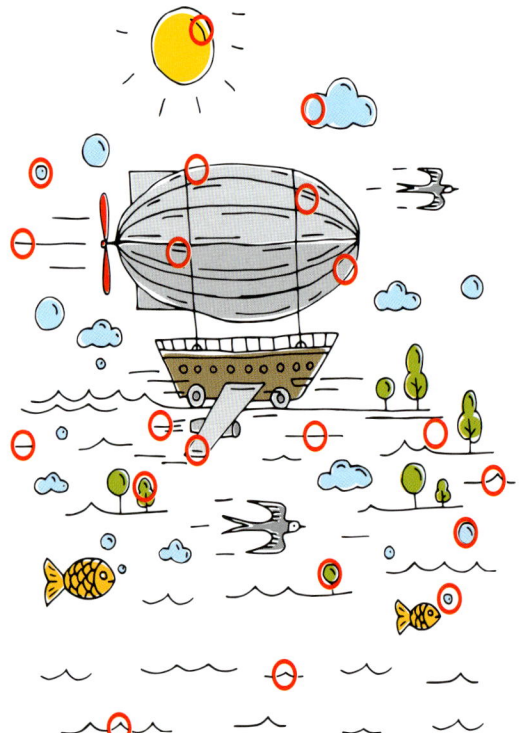

p. 24

p. 26

p. 28

p. 30

해 답

p. 32

p. 34

p. 36

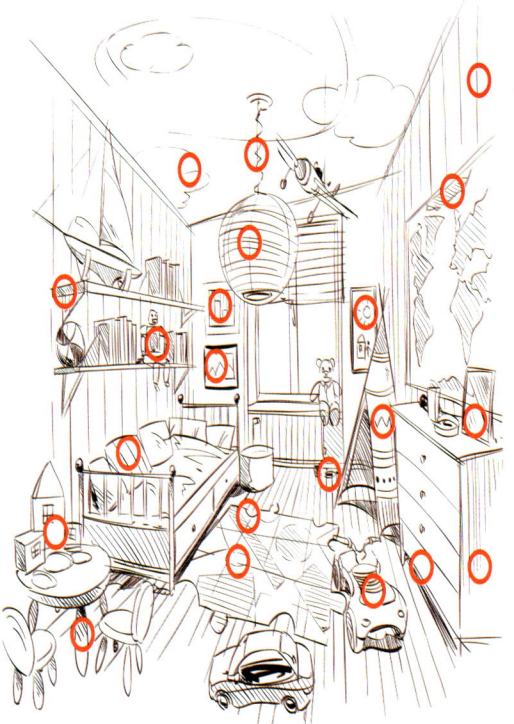

p. 38

Find Differences

p. 40

p. 42

p. 44

p. 46

p. 48

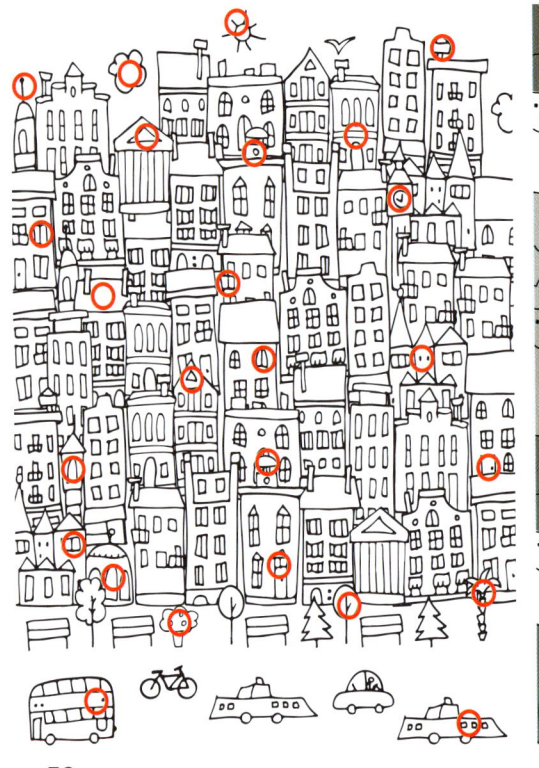

p. 50

p. 52

p. 54

Find Differences

p. 64

p. 66

p. 68

p. 70

122 Find Differences

p. 72

p. 74

p. 76

p. 78

해 답 123

p. 80

p. 82

p. 84

p. 86

p. 88

p. 90

p. 92

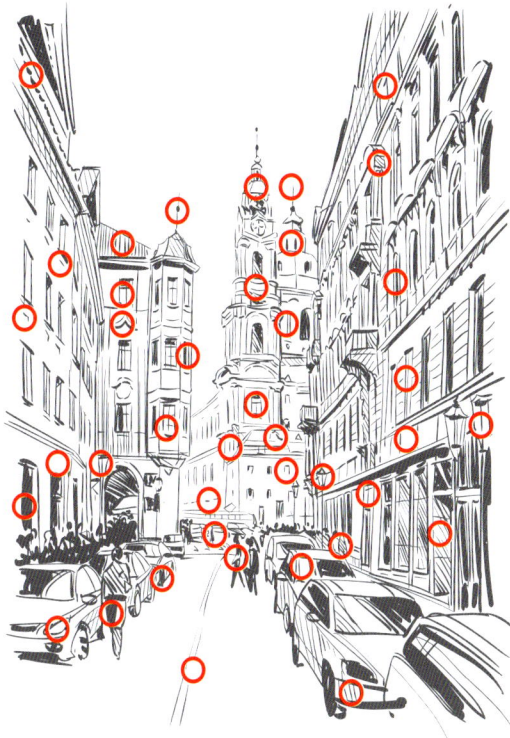

p. 94

해답

p. 96

p. 98

p. 100

p. 102

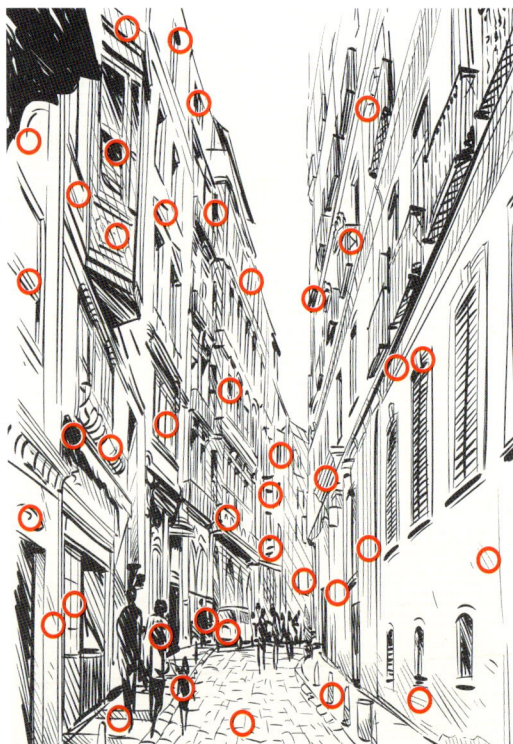

126 Find Differences

p. 104

p. 106

p. 108

p. 110

해답

쉴수록 좋아지는 나의 뇌
다른 그림 찾기
디지털 세상으로부터 뇌를 탈출시켜드립니다